AF595730

SEYMOUR DE RICCI

QUELQUES BIBLIOPHILES

V

M. ÉMILE HENRIOT

PLAISIR DE BIBLIOPHILE

1927

QUELQUES BIBLIOPHILES

V. — M. ÉMILE HENRIOT

ES hasards de l'amitié ayant fait tomber entre mes mains les bonnes feuilles d'un charmant petit livre sur l'*Art de former une bibliothèque*[1], j'ai éprouvé la curiosité d'aller regarder sur place si l'auteur s'était fidèlement inspiré de ses principes ou si ce n'était pas, au contraire, le souvenir de ses propres acquisitions qui lui avait dicté ses maximes. Je suis revenu de mon exploration si charmé, si délicatement ému, que je ne puis résister à la tentation, après avoir promené mes lecteurs chez quatre très grands bibliophiles, de les inviter à gravir avec moi cinq étages d'un immeuble vieillot de la Plaine Monceau, pour pénétrer dans l'intimité d'un jeune lettré, fervent amoureux du livre, tant ancien que moderne, et qui a d'autant plus de mérite à posséder une bibliothèque attrayante qu'il ne lui a jamais été possible d'obtenir un volume, si quelque rival plus fortuné lui en disputait l'acquisition. C'est presque toujours parmi les livres dédaignés des autres qu'Émile Henriot a été con-

1. E. Henriot, *L'Art de former une bibliothèque* (Paris, Delagrave, 1928. In-12). — Dans la *Bibliothèque des chercheurs et des curieux*.

traint de choisir. Vingt fois, la mode qu'il devançait a ratifié ses choix et récompensé sa perspicacité. Quelle joie pour un bibliophile d'avoir été le premier à découvrir et à recueillir ce que recherchera la génération suivante! Comme l'a dit M. Henri Beraldi, le grand courage pour un collectionneur, ce n'est pas d'acheter cher, c'est de payer bon marché!

Trois volumes de vers, huit volumes de romans et une douzaine de livres de critique ou de mélanges, sans parler d'innombrables articles dans les quotidiens, ont fait trop bien connaître Émile Henriot de tout le public ami des lettres, pour qu'il soit besoin ici de caractériser son délicat talent. Qu'il se fasse le portraitiste d'Aricie Brun ou le chroniqueur de Stendhal, que sa fantaisie le conduise des bords de la Seine aux rivages de la Provence, on sent toujours chez lui le lettré, l'humaniste, l'historien. Il n'a acquis ces qualités que par le commerce incessant des bons livres : ce sont ceux-là mêmes que nous retrouverons sur ses rayons[1].

Voici d'abord le large panneau consacré aux volumes des XVIIe et XVIIIe siècles. Peu de maroquins, car nous ne sommes pas chez un millionnaire; beaucoup, par contre, de ces excellentes reliures d'époque en veau brun, dont les dorures tapissent si agréablement le mur d'un cabinet et qui font tant d'honneur au bon goût de l'ancienne librairie française. Notre amateur n'a pas cherché à se constituer la série si coûteuse des grands classiques en éditions originales : celles qu'il possède, il les doit au hasard, cette grande divinité

1. E. Henriot, *Courrier littéraire* (Paris, Renaissance du Livre, 1922. In-12); *Livres et portraits* (Paris, Plon, 1923-1925-1927. 3 vol. In-12).

protectrice de tous les bibliophiles. La richesse d'Émile Henriot, en matière de livres anciens, sera formée par le bataillon serré des « Livres du second rayon », pour lui emprunter une expression qui a fait fortune : romans à clef, chroniques plus ou moins scandaleuses, livres satyriques pourchassés par les pouvoirs établis, correspondances et mémoires, tous les ouvrages enfin qui nous montrent nos ancêtres en robe de chambre, en pantoufles, et même en chemise[1].

Si la nature même de ces chroniques ne m'interdisait des excursions aussi rétrospectives, combien n'aurais-je pas eu de plaisir à prier Henriot de me narrer ses trouvailles, pour les raconter à mon tour aux lecteurs de ces pages!

*
* *

Quand Émile Henriot, il y a une quinzaine d'années, commençait à collectionner les romantiques, il fallait, pour se constituer des séries intéressantes, moins d'argent que de flair et de patience. Les quelques grands amateurs qui se consacraient aux chefs-d'œuvre du XIXe siècle, se confinaient si étroitement dans les cadres dictés par la mode, — cadres dont les bibliothèques Legrand ou Montgermont fournissent d'excellents exemples, — et étaient d'autre part si impitoyablement difficiles sur la qualité des exemplaires, que les collectionneurs plus modestes avaient encore le champ libre. Les grands amateurs leur abandonnaient complètement tous les exemplaires en demi-reliure d'époque, sous

1. E. Henriot, *Les Livres du second rayon* (Paris, Le Livre, 1926. In-12).

prétexte qu'il leur manquait les couvertures imprimées et un quart de pouce de marge; ils dédaignaient comme menu fretin toutes les secondes et troisièmes éditions, même quand elles différaient de la première. Quant aux *préoriginales,* on les laissait pourrir dans les boîtes des quais!

C'est en profitant de ces heureuses circonstances que le jeune Henriot acheta, une à une, les œuvres de ses auteurs favoris, relisant avidement les catalogues des petits libraires, fouillant les magasins de Paris et de la province, y dépensant largement son temps, à une époque où cette denrée, pour un homme de lettres, n'était pas encore mesurée au compte-gouttes. De ces courses à travers le monde de la librairie, il rapporta de quoi garnir très honorablement ses rayons, ainsi que l'on va pouvoir en juger.

*
* *

S'il est vrai que le XIXe siècle commence avec André Chénier, combien rares sont les amateurs qui, comme Émile Henriot, peuvent nous montrer dans leur bibliothèque les numéros du *Journal de Paris,* de 1791, contenant les articles du poète! Vivant-Denon, lui aussi, rattache l'Ancien Régime à l'époque moderne; aussi bien, Émile Henriot aura-t-il la coquetterie de nous montrer *Point de lendemain,* à la fois dans la préoriginale de 1780 (dans Dorat, *Lettres d'une chanoinesse de Lisbonne*), et dans un exemplaire sur grand papier de l'originale de 1812, publiée chez Didot.

Plusieurs éditions originales de Chateaubriand sont

truffées de lettres autographes : dans l'exemplaire des *Mémoires d'outre-tombe,* ayant appartenu à Amédée Pichot, directeur de la *Revue de Paris,* nous découvrirons deux lettres de l'auteur, l'une de 1847 : *C'est sans doute par erreur, monsieur, qu'on vous a dit que j'habitais la terre...;* l'autre plus ancienne de treize ans, mais à peine moins pessimiste : *Entièrement consacré au travail de mes Mémoires, il me reste à peine le temps nécessaire pour les finir. — Fugaces labuntur anni!*

*
* *

Un membre du légendaire *Stendhal Club* se devait de posséder quelques reliques du dieu : voici donc l'édition de 1826 de *Rome, Naples et Florence,* avec de nombreuses et curieuses annotations de Stendhal, transcrites par la main d'un stendhalien non identifié, du milieu du XIXe siècle; et voici cette rarissime *Histoire de la famille Cinci* (Paris, 1825), qui a déjà fait couler tant d'encre et dont l'attribution, parmi les Beyliens vraiment passionnés, a soulevé tant de discussions[1].

Émile Henriot a recueilli tout Musset en éditions originales, avec un certain nombre des préoriginales et toutes les éditions postérieures présentant des variantes. La plupart de ces volumes sont en demi-reliure d'époque; plusieurs sont enrichis d'autographes. Nous y avons noté une curieuse lettre du 3 février 1857, demandant à un fonctionnaire de l'Institut des billets pour la réception de Biot.

D'autres autographes ornent deux tomes de Vigny

1. E. Henriot, *Stendhaliana* (Paris, Crès, 1924. In-12).

dans leur demi-reliure romantique. Puis ce sont deux précieux volumes avec dédicace : la troisième édition des *Poésies,* de Marceline Desbordes-Valmore (1822), dans le cartonnage original en papier rouge vif, avec un envoi à Mme Auber, et les *Contes drolatiques,* de Balzac (1832), avec un envoi à Mme de Lannoy.

J'ai noté au passage un curieux volume factice de documents et d'articles concernant les lettres de Mérimée et, tout auprès, la *Correspondance de Victor Jacquemont* (1867), publiée par Mérimée, exemplaire auquel on a ajouté une lettre de Mérimée à Jacquemont, avec la réponse de Jacquemont à Mérimée, le tout sur la même feuille.

*
* *

De Victor Hugo, voici, entre autres pièces, les *Châtiments* (1875), avec une page d'épreuve sur laquelle Hugo a écrit : *Modèle choisi par moi;* du même, une lettre émouvante écrite en 1873 : *J'ai été fort éprouvé dans ma fortune personnelle par les catastrophes de la France...*

Théophile Gautier envoyait à Banville les placards de son *Rapport sur la poésie,* non sans avoir considérablement allongé sur épreuves le passage relatif à son correspondant : l'épreuve corrigée est chez M. Henriot. En 1879, Bergerat imprimait son livre sur *Théophile Gautier, entretiens, souvenirs et correspondance;* il y insérait les lettres de Gautier à Carlotta Grisi, et, au dernier moment, celle-ci refusant de les laisser paraître, il les supprimait de l'édition. De cette portion du livre, il ne subsiste que deux exemplaires, dont l'un a été acquis par Émile Henriot à la vente Bergerat.

Continuons notre course à travers le XIXe siècle : nous arrivons à quelques auteurs dont les œuvres, bien que fort recherchées des bibliophiles, nous réservent peu de surprises dans la plupart des bibliothèques. Comment Émile Henriot nous montrerait-il des Flaubert et des Baudelaire qui ne fussent pas ceux de tout le monde ? Pour le premier, il s'en est tiré en ajoutant à ses exemplaires des lettres piquantes. Pour le second, il nous montrera les *Histoires extraordinaires*, de 1856, avec un envoi à Lhéritier et une correction à la page XXVI ; une préoriginale des *Fleurs du Mal* dans la *Revue des Deux Mondes*, du 1er juin 1855; les préoriginales de son *Constantin Guys* et de ses *Poèmes en prose* dans le *Figaro*, de 1863 et de 1864. Il en est de même pour Fromentin dont notre amateur a recueilli la préoriginale de *Dominique* (*Revue des Deux Mondes*, 15 avril 1862), qu'il a placée à côté d'*Un Été dans le Sahara* (1874), avec envoi de Théodore de Banville.

De ce dernier, voici de fort curieuses reliques : son dictionnaire des rimes (fort peu employé, si l'on en juge par sa condition); trois scènes d'une pièce lyrique, qui semble bien être demeurée manuscrite; les *Cantilènes*, de Moréas (1886), avec envoi à son « cher maître » Théodore de Banville. Et puis, voici une relique bien plus touchante encore : quelques pages autographes du *Journal* de Marie Bashkirtseff.

*
* *

L'époque contemporaine est représentée d'une façon remarquablement personnelle : Émile Henriot s'est trouvé en relations de sympathie avec un bon nombre des auteurs les plus notables de notre époque et, si le bibliophile s'est attaché à recueillir leurs œuvres, l'historien des lettres a tenu à ne laisser perdre aucun document susceptible d'intéresser la postérité. Pour chacun de ses maîtres et amis, notre collectionneur a constitué un véritable dossier, avec de nombreux fragments de manuscrits, des épreuves corrigées, des lettres, des préoriginales, des originales avec envois. Pour juger de cette partie de sa bibliothèque, le recul nous manque encore, mais il semble bien que les nouvelles générations soient précisément en train de ratifier les préférences de notre amateur. Heureuse sensibilité que celle qui permet à un lettré de pénétrer ainsi jusqu'à l'âme même de son époque!

A côté d'un manuscrit des *Stances,* de Moréas, Émile Henriot a donc placé l'édition de 1906, avec une précieuse lettre que lui adressa l'auteur; puis ce sont des lettres et des manuscrits de Pierre Louys, avec des fragments imprimés de Jean de Tinan, recueillis pieusement par ce dernier; les œuvres poétiques de la comtesse de Noailles, avec des lettres fort lyriques et des dédicaces fort chaleureuses; Toulet au complet, avec des lettres charmantes, des dédicaces et une partie du manuscrit des *Contrerimes;* toujours dans les mêmes conditions, les œuvres de Paul Bourget, Henri de Régnier, René Boylesve, Edmond Jaloux; les Tharaud, tout au long et sur papier de Hollande.

Peu de chose d'Anatole France, bien qu'Émile Henriot l'ait beaucoup connu : c'est que notre collectionneur n'est pas de la race des pilleurs de corbeilles;

nous trouvons cependant un bel exemplaire de la *Vie en fleur* (1922), sur hollande, avec la dédicace : « A Émile Henriot, son dévoué confrère, Anatole France. »

De Proust, les volumes essentiels avec des dédicaces charmantes : celle du *Côté de Guermantes,* remplit plus d'une page du volume. Du même, tout un grand placard d'épreuves des *Jeunes filles en fleurs,* avec des corrections et additions si nombreuses qu'elles en font un véritable manuscrit.

*
* *

Voici enfin le rayon consacré à Maurice Barrès, maître et ami d'Émile Henriot : l'imposante série de ses éditions originales, la plupart avec envois, des manuscrits, des épreuves, des lettres, des préoriginales. Le futur biographe de Barrès y puisera des secours inappréciables. Signalons aux curieux un exemplaire de *Sous l'œil des barbares* (1888), avec cette élégante dédicace : *A Madame* [nom coupé], *hommage d'un auteur étonné et charmé qu'avec de jolis yeux on ait le caprice de le lire.* Et plus loin, sur le même rayon, *Du Sang, de la volupté et de la mort,* avec un envoi à Brunetière qui n'en coupa jamais les pages ! Et dans un dossier, cette feuille de croquis par Forain, avec d'excellentes caricatures de Maurice Barrès... et de Joseph Caillaux !

*
* *

Quand nous parcourons le catalogue d'un « grand bibliophile », quand nous relisons la liste des prix d'une « grande vente », plus d'un se dit mélancoliquement : « Ce sont là jeux de prince! » L'exemple d'Émile Henriot nous prouve qu'en bibliophilie, comme partout ailleurs, l'esprit ne perd jamais ses droits, qu'un amateur à l'œil vif, à la mémoire exercée, à l'âme patiente et curieuse, peut rivaliser en matière de livres avec les collectionneurs les plus fortunés et se constituer des ensembles infiniment précieux, infiniment instructifs.

Trouver un à un de bons livres, les étudier à fond, y découvrir la matière de savoureuses chroniques et de fort savants volumes, n'est-ce point un sort des plus enviables? Dans la vaste cité des livres, il est plus d'une maison où l'on voudrait séjourner : il n'en est pas de plus sympathique que la bibliothèque d'Émile Henriot.

www.ingramcontent.com/pod-product-compliance
Lightning Source LLC
LaVergne TN
LVHW050519160826
845677LV00003B/1225

* 9 7 8 2 3 2 9 6 1 9 3 4 7 *